ベランダで豆盆栽鉢で楽しむ

ゆびのさきにかわいいみどり

ayumitt

Tiny Greens on Green Fingers

オレンジページ

はじめに

　マンションの２階のベランダで、小さな植物を育てています。道端でふと目に留まる草花も大好きですが、それを小さな鉢に迎え入れた瞬間に生まれる、思いがけない表情や独特の雰囲気に心を奪われています。小さな鉢の中で芽吹く新芽、そっと咲く花、季節とともに色づく葉——そのささやかな変化を眺めていると、愛おしさに時間を忘れてしまいます。そんなベランダの小さな世界に感じる感動を、私が夢中で撮りためた写真とともにお届けできたら嬉しいです。

Contents

はじめに 3

1章 花を愛でる 6

　　姫ナズナ…8　　夕張タンポポ…10
　　ウンナンカズラ…12　　ミツデイワガサ…14
　　オニタビラコ…16　　ピラカンサ…18
　　シマツルボ…20　　ミニバラ姫乙女…22
　　姫月見草…24　　ミニバラ…26
　　ツクシカラマツ…28　　野バラ…30
　　ナデシコ…32　　乙女ギボウシ…34
　　姫フウロソウ…36　　千成ホオズキ…38
　　姫タデ…40　　ダルマホトトギス…42
　　高嶺ノコンギク…44　　糸ラッキョウ…46
　　大文字草…48

2章 葉を愛でる 50

　　日高ミセバヤ…52　　コケオトギリ…54
　　ウメバチバンダイソウ…56　　姫朝霧草…58
　　豆ヅタ…60　　姫ユキノシタ…62
　　ハマエノコロ グサ…64　　ツメレンゲ…66
　　ツタ…68　　黒軸カリヤス…70
　　イタドリ…72　　ハマボウ…74

3章 寄せて愛でる 76

　　スズメノヤリ×カタバミ×姫ナズナ…78
　　タチツボスミレ×朝霧草×
　　スズメノカタビラ×リンドウ…79
　　コケオトギリ×黄金シダ×姫ユキノシタ…80
　　イワダレヒトツバ×豆ヅタ×コケオトギリ…81
　　日高ミセバヤ×タイトゴメ…82
　　コケオトギリ×カンスゲ…83
　　ツメレンゲ×タイトゴメ…84
　　姫セキショウ×黄金シダ×大雪ヒナオトギリ…85
　　豆ヅタ×黄金シダ×コケオトギリ…86
　　姫タデ×黄金シダ×
　　コケオトギリ×大雪ヒナオトギリ…87

4章 いろいろ愛でる 88

　　多肉植物…90　　飛び込み…92
　　訪問者…93　　飾って楽しむ…94
　　かわいいみどりを植え替えてみませんか…96
　　ベランダでの管理…102
　　かわいい植物を探しに…106
　　豆盆栽鉢の楽しみ…108
　　オーブン用の陶土で鉢作りに初チャレンジ！…109

むすびに 111

1章
花を愛でる

ハッと息をのむほどの小さな花。
目を凝らすと繊細なしべや美しい模様があることに気づきます。
芽吹きから、葉が広がって蕾が膨らみ、
まるで小さな宝石のような花が開花するワクワク感を
味わってみてください。

姫ナズナ

🌸 5mmほどの小さなお花をじっくり眺めよう

アブラナ科の一年草。冬から春にかけて、5mmほどのとても小さな白い花を咲かせます。最初は低い位置で咲き、その後、茎をひょろひょろと伸ばしながら咲く様子はおもしろくてかわいいです。我が家ではこぼれ種で毎年楽しんでいます。苗をいただいた翌年2月ごろ、小さな芽を見つけたときは、嬉しさのあまりベランダで小躍りしそうになった思い出があります。

> 今にも踊り出しそうな楽しい花姿に、私の心もルンルンと弾む。

> とても小さなころんとした蕾たち。咲いたらどんなにかわいいのだろう！

芽を見つけてから1カ月、小さいながらも鈴なりの蕾が上がってきた。

2024/2/29

2024/3/8

まだかまだかと見守り続け、小さな白いお花がひっそりと咲いた！

2025/2/14

こぼれ種から芽が出てきた。こんなふうに新しい芽を見つけるのが楽しい。

花を愛でる

下から上へ目をやると、蕾、花、実とそれぞれ異なる様子が楽しめる。2024/3/30

夕張タンポポ

小さな鉢の中で綿毛も楽しめる

キク科の多年草。北海道の夕張山地や日高山脈の一部に生えています。茎が短く、葉の切り込みが深いのが特徴です。子株ができて増えていきます。根伏せ※も可能なようです。とてもかわいらしいタンポポですが、残念ながら花と綿毛を楽しんだあと、枯らしてしまいました。再度、チャレンジしたいと思っています。

※根伏せとは、根の一部を切って土の中に植えて発芽、発根させる方法です。

> ぽわぽわの綿毛を
> そっと眺める。

タンポポのお花の明るい黄色に思わず笑顔。　2023/3/31

> お花と葉っぱのサイズの
> アンバランスさが、
> なんとも愛らしい。

2023/3/30

地板に置いて飾ってみると、また違った愛らしさが感じられる。

花を愛でる

収穫した種を蒔いたけれど、発芽しなかった。2023/4/11

ウンナンカズラ

密集した葉っぱの隙間から溢れるように たくさんのお花が咲く

常緑の多年草です。小さな丸い葉が這うように広がり、紫色の小さな花がたくさん咲きます。丸い小さな葉だけでも愛らしいのですが、いくつもの蕾が立ち上がり、花がこぼれるように咲く姿は感動的です。我が家では3月から4月にかけて、次々と開花します。

> この鉢に入れたときの予想をはるかに超えるかわいらしい姿が見られた！嬉しい！

2023/11/16
この鉢には、溢れるように咲くものが合いそうと、この花を入れた。

> 色、形、大きさ、いろんな表情がぎっしり詰まっている！時間を忘れて見入ってしまう。

2024/2/14
蕾を見つけてから10日ほどで、待ち焦がれた最初のお花が咲いた。

2024/3/15
鉢を這うように小さな葉っぱが増え、蕾も増え、お花も次々に咲き出した。

2024/4/20
まだまだ咲き続けている姿に、カメラを構えずにはいられない。

花を愛でる

蕾が上がり始めてから
約2カ月、いちばんの
花数になった。
2024/ 4/ 7

ミツデイワガサ

🌸 **たくさんまとまって咲く白い小さな花が愛らしい**

バラ科の落葉低木。「三ツ手岩傘」という名前のとおり、葉さきが3つに分かれています。4月から5月ごろ、小さな白い花が手毬（てまり）のようにたくさん集まって咲きます。秋には紅葉も楽しめます。写真は2022年に挿し木したもので、その年から花が咲きました。葉の形も白い小花も愛らしく、とても気に入っている植物です。

2024/4/10
挿し木3年目。伸びた枝を切って整え、楽しみに待っていた蕾が少しずつ膨らんできた。

まだ固く丸まっている蕾から開花まで、それぞれのかわいらしい瞬間を堪能！

2023/4/12
挿し木2年目。まあるく咲いた！ 散った花びらの一枚をつまんで見ると小さなハートの形！

満開！ とても小さな粒々の蕾からこんな愛らしいお花が現れるなんて感動！

2024/4/26
小さいながらも満開！ お花が茶色になった姿も素敵なので、もう少しこのまま。

花を愛でる

蕾が少しずつ膨らみ、開花する様子をじっくりと眺める。至福のひととき。2024/4/21

オニタビラコ

道端でよく見かける草を鉢に入れてみよう

道端でよく見かけるキク科の越年草。朝に花が咲き、夕方には閉じて、次の日は咲かない一日花です。1cmにも満たない小さな黄色い花を咲かせ、綿毛で種を飛ばします。早春、我が家のベランダの鉢に、これまで見たことがなかった芽が出現。「これ、オニタビラコかもしれない」と小さな鉢に移して見守っていたら、やはりオニタビラコでした。なんてことない草も、鉢に入れるとまた違った魅力が感じられるものだなと思います。

小さなお花が2つ。こんなに繊細で愛らしい形をしているなんて知らなかったなあ。

とても柔らかそうな綿毛。こぼれ種で来年も姿を現してくれるといいな。

2024/4/15

蕾が膨らんできた。

綿毛も見られた！ 種は採取しなかったけれど、また来年も見られるかな。

2024/5/1

2024/4/18

道端でよく見かける草も、地板に置いて飾ってみたら。あらら！ 素敵！

花を愛でる

夕方には閉じてしまうので、
じっくりと眺めよう。
2024/4/19

ピラカンサ

❀ 愛らしい白い小さな花と実成りが楽しみ

バラ科の常緑低木。タチバナモドキ、カザンデマリ、トキワサンザシを総称してピラカンサと呼びます。我が家のものは黄色の実がつくのでタチバナモドキでしょうか？ 正確にはわかりません。初夏には真っ白な小花がまとまって咲き、花が終わると実が少しずつ膨らみ始め、秋に色づきます。実は、鳥がすぐに食べてしまいそうですが、色づいたばかりの実は毒があるため、1月から2月に実が熟して毒が薄まってから食べるのだそうです。そういえば、我が家でも寒さが深まるころに実が忽然と姿を消しています。

2024/4/16

葉っぱのあいだから小さな蕾たちが顔を出す。モゾモゾ。

真っ白で愛らしい小花が咲いた姿は、さわやかな季節にぴったりだな。

丸い実がすっかり黄色く色づいてかわいい。手作りの鳥を添えて飾っちゃおう！

前年の実成りの様子。9月後半から実が少しずつ黄色くなり始めた。

2023/10/13

2024/5/17

お花が落ちたあと、実が少しずつ膨らんでくる。青い実が瑞々しい。

花を愛でる 🌸🌸

白くて小さい愛らしいお花が開き始めた。2024/4/27

シマツルボ

🌸 葉っぱの縞模様と鮮やかな赤紫のお花も
　素敵だけれど、粒々の蕾もとてもかわいい。

アフリカ原産の球根植物。細長い葉に走る縞模様がとてもおしゃれです。4月から5月に星形の赤紫色の花が穂状に咲きます。我が家では2月ごろ、球根のさきから赤いポチッとした芽が顔を出します。この新芽を見つけたときの喜びは、何ものにも代え難いものです。

2024/4/11

2月に新芽が覗いてから約2カ月、今年もまた粒々の蕾が出てきた！

楽譜に並ぶ音符のように咲いた！ 楽しげなメロディが聞こえてきそう♬

葉っぱと寄り添うように出てきた粒々の蕾が愛らしい。

葉っぱのあいだからひょっこりお出ましになる蕾たち。

2023/3/27

2023/4/14

蕾が上がってから約1カ月で、鮮やかなピンクのお花が開花。

20

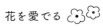花を愛でる

縞模様の葉っぱと鮮やかな赤紫色のお花のコントラストが素敵。2024/4/24

ミニバラ姫乙女

🌸 ピンク色のふんわりとしたお花がよく咲きます

ミニバラとして流通しているものよりも、さらに小さいバラです。四季咲きで、春から夏にかけてよく花が咲きます。綺麗なピンク色の八重咲きの花はとても愛らしく、魅力的です。花が咲き終わったら、花殻を切り取っています。挿し木もよくつくので、剪定した枝を挿して増やしています。

ふんわりと咲いた！
かわいい姿を全方向から
じっくりと愛でる。

2024/3/29
2月ごろから、ポツポツとした赤い芽が少しずつ膨らんでいき、新芽が出てくる。

蕾がみるみる膨らんで、いよいよお花が咲きそう！胸が高鳴る！

2024/5/6
蕾が次々と上がってくる。

2024/7/23
お花の色は季節によって変わるようだ。夏は白。涼しげ。

花を愛でる

開花後は花茎を地際で切って、時折、追肥もしている。2024/5/8

姫月見草

🌸 **春は鮮やかな黄色のお花、
冬は葉を赤くしてぺたっと広げる。**

アカバナ科の多年草。5月ごろ、鮮やかな黄色の花が咲きますが、花は昼間に咲く一日花です。冬はロゼット姿で越冬します。花はもちろんかわいいのですが、冬にロゼットの葉が深い赤に色づいた姿は、まるで花が咲いたかのようでとても美しいです。こぼれ種でよく増えるそうです。

これから伸びるぞ、と気合いのスイッチが入ったよう。

2024/4/28

株元に出てきた新芽を眺める。小さな鉢の中でバトンタッチ。

株元に出てきた新芽はある程度まで大きくなったあと、寒くなるにつれ赤くなる。

2024/7/18

2024/8/11

花が終わって、なんだかかわいい姿になった。

2024/11/8

葉っぱが赤くなり、葉っぱをぺたっと広げたロゼット状で冬を越す。

待ち焦がれた開花！眩(まぶ)しい黄色が目に飛び込んできて嬉しくなる。

花を愛でる

茎がぐんぐん伸び始めて
約1カ月で開花。
2024/5/24

10日ほどかけて少しずつ膨らんだプクッとした蕾がかわいい。

2024/6/11

ミニバラ

🌸 直径1cmながら華やかな花姿

4年前にいただいたもので品種名はわかりません。毎年、直径1cmほどの小さなピンクのかわいい花が咲きます。花が咲き終わったら、花殻を切り取っています。バラは根の生育がよいので、できるだけ毎年植え替えるようにしています。

2024/6/17

ピンクの花びらが見えてきた。開花まであと少し！

まもなく咲きそうな蕾。しばらくこのままでいてほしいくらいに綺麗な色と形だな。

前年の冬。お花だけでなく、綺麗な紅葉も楽しめる。

2024/1/9

我が家のベランダのミニバラが見ごろだ。

2024/6/24

小さくも存在感のある花姿！綺麗に撮りたい一心でカメラを構える。

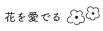
花を愛でる

一輪咲いた。直径約1cmながら、重なるピンクの花びらがとても綺麗! 2024/6/19

ツクシカラマツ

🌸 **伸びた茎のさきで薄桃色のお花がちらちら揺れる**

キンポウゲ科の多年草で、冬は地上部がなくなります。春になると細い茎がひょろりと伸び、そのさきに粒のような蕾がぶら下がり、小さな花火のような薄桃色の花が咲きます。細長い花びらに見えるのは雄しべです。花と蕾が半々くらいの時期が、いちばんかわいらしい姿だと思っています。

> 小さな花火が打ち上がったよう！このあと、雄しべが棚板に散った光景もいいのだ。

2023/6/14
小さな鉢に入れた年の様子。

> この粒々の蕾がなんとも愛らしくて大好き。

2024/4/16
3月後半、新芽が顔を出す。今年も綺麗なみどり色の柔らかい葉っぱが出てきてくれた。

2024/5/9
ここから約1カ月かけて蕾が少しずつ膨らんでいく。

花を愛でる 🌸🌸

前年より花数が増えた。鉢にかぶさる柔らかい葉っぱもいい感じ。2024/6/9

野バラ

🌸 一重の白いお花が素朴で愛らしい

4年前に、挿し木した苗をいただきました。2年前にはじめて花が咲いたときは、その素朴で愛らしい姿にトキメキました。剪定した枝を挿して、少しずつ増やしています。野バラはまとまってたくさん咲くイメージがありますが、小さな鉢で一部を切り取ったように楽しむのも素敵だな、と思っています。

> 咲いたー! 開きたてのときにしか見られないしべの鮮やかな黄色は見逃せない!

2024/6/4

おしゃべりし出しそうな愛らしいフォルムをした蕾たち。

> 2つ目も開花! 落ちた花びらを添えてパチリ。

2025/2/27

赤いポツポツとした新芽が膨らんで新しい葉っぱが出てくる。

2024/6/12

お花は4〜5日楽しめる。

花を愛でる

一重ながら大きなお花に目を奪われる。2024/6/8

ナデシコ

ギザギザの花びらと細長い葉っぱが愛らしい

常緑性。4年前、どこかの道の駅で小さな鉢に入ったナデシコを見つけ、連れ帰りました。正確な品種名はわかりません。4月から6月にかけて鮮やかなピンク色の花が咲きます。梅雨時に、鉢の空いているところに挿し芽※をして、増やしています。

※挿し芽とは、新しく伸びた若い芽を挿して増やす方法。

2つ並んで咲いた！飛び込んだコケオトギリソウの下の葉が色づいていい雰囲気。

2024/3/28
蕾を発見（向かって右端）！ 小さなバンザイ、私もバンザイ。

鮮やかなピンクのお花が並んで咲いて嬉しくなる。

こちらは別のナデシコ。白花姫タデを加えている。

2024/5/4
1つ目開花！ 2年経って植え替えたのがよかったのか、前年より蕾が多い。

2024/5/22
飛び込んだコケオトギリソウがいいアクセントになっている。

2024/6/4

花を愛でる

もう蕾は見当たらないから、
最後のお花かな。
2024/6/23

乙女ギボウシ

うつむき加減に咲く姿が美しい

キジカクシ科の多年草で、冬になると地上部がなくなります。花は一日花で、朝開いて夕方には萎れてしまいます。乙女ギボウシはギボウシの中でも小型の品種で、我が家のものは葉に斑が入っています。花茎を伸ばして、下の蕾から順に咲き進みます。淡い紫色の花が少し下を向いて咲く姿は、なんとも慎ましやかで美しいです。

2021/3/20

小さなタケノコがたくさん並んでいるみたいでかわいい！

2024/6/24

小さな子株を小さな鉢に移して葉姿を楽しんでいる。

小さいながらもギボウシの葉っぱだなあ。

虫になった気分でお花を覗き込んでみる。萎れたお花も味わい深いな。

2023/11/8

夏に葉っぱがなくなってしまったあと、また芽が出てきた。大丈夫かな。

2023/6/24

ひとつの花の寿命は1日だけ。その姿を夢中で撮る。

花を愛でる

下の蕾から順番に咲いていく。
2022/6/24

姫フウロソウ

🌸 **春から秋まで長く咲きます**

常緑の多年草。春から秋にかけて長い期間、1cmほどの小さな花をポツポツと咲かせます。這うように広がる愛らしい形の葉も魅力の一つです。夏の暑さや蒸れに弱いので、風通しのよいところに置きます。一重、八重、白、ピンクなどさまざまな種類があります。

春から秋まで長い期間咲くが、6月から7月は特にたくさん咲く。　2024/7/27

2つ愛らしく並んだ蕾。細かな産毛に光が反射して綺麗。

小さいながら八重咲きで豪華。ミツバチがいる青の鉢にピンクのお花、お気に入りの鉢合わせ。

白花八重咲き。清楚な印象の白花も素敵。　2024/8/26

鉢の向きを変えると鼠が盃で一杯やっている。　2024/8/16

花を愛でる

1つのお花は10日以上、咲き続ける。2024/8/2

千成ホオズキ

🌸 小ゆびのさきほどのホオズキの実がかわいい

ナス科の一年草。夏に小さな白い花が下を向いて咲きます。実は一般のホオズキのように赤くはならず、黄みどり色です。5月ごろに種を蒔き、9月には実が楽しめます。小ゆびのさきほどの小さなホオズキのミニチュア感に、心がトキメキます。実が熟したら収穫し、種を取っています。

5月ごろに種を蒔いたものが育ってきた。よく見ると小さな蕾がある。 2024/8/20

蕾のさきから花びらが少し見えてきている。 2024/8/25

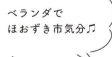

ベランダでほおずき市気分♫

蕾から2週間ほどで実になった！赤くはならないけれどかわいい形。 2024/9/4

うつむき加減で控えめに咲く姿に、思わず下から覗き込んでしまう。

花を愛でる

小さな朝顔のような形の
お花。2024/8/27

4月ごろから芽を出し、どんどん葉っぱが増えていく。

2024/8/20

姫タデ

❀ たくさんの花序が立ち上がり、
　鉢いっぱいに咲く

タデ科の一年草で、こぼれ種でよく増えます。我が家では4月ごろに芽が顔を出すので、少し育ったところを小さな鉢に移して楽しんでいます。開花は10月ごろで、葉や茎も赤く染まり、秋の風情を感じさせます。赤い花が一般的ですが、白い花もあります。

葉っぱが
勢いよく増える様子に
元気をもらえるな。

小さいながら
たくさん咲く姿に
たくましさを感じる！

2024/7/28

飛び込んだシュシュッとした草がチラチラと揺れていいアクセント。

2024/10/1

9月ごろから蕾が上がり始め、先端が白く膨らんでくる。

2024/10/12

別の鉢では、赤花の姫タデを楽しんでいる。

花を愛でる

赤くなった葉っぱと相まって秋の風情が感じられる。2024/11/2

ダルマホトトギス

🌸 斑点模様のお花が個性的

ユリ科の多年草。台湾ホトトギスの小型の品種です。斑点模様が入った赤紫色の花と、だるまのように丸くて肉厚の葉がとても個性的です。花は9月から10月ごろに咲きます。また、開花間近の蕾は、色も形もとても見応えがあります。

> 模様、色、形をじっくりと堪能。ほんとに綺麗！

> 蕾が日に日に膨らむ様子にドキドキが止まらない！

9月に小さな蕾を見つけてから1カ月ほど経った。無事に咲いてくれるといいな。
2024/10/3

2022/10/25

咲かずにこのままでもいいと思うほどに綺麗な蕾。

2024/10/13

前年は強風で写真に撮る前にお花が落ちてしまったので、今年は早めにパチリ。

花を愛でる

お花は5日ほど咲いていた。 2022/10/29

高嶺ノコンギク

🌸 お花はもちろん、ぽわぽわの綿毛もかわいい

キク科の多年草で、亜高山〜高山帯に生えています。背丈が低く、10月から11月ごろに薄紫色の花が咲きます。花が咲き終わったあと、1〜2カ月かけてふわふわの綿毛に変わります。

> 綺麗な薄紫色のお花。
> 清楚で愛らしい佇まいに癒やされる。

2024/10/21

蕾がついた！ 前年に購入した苗を、お気に入りの鳥の絵鉢に合わせたもの。

2024/11/9

咲き始めは薄紫色だが、少しずつ薄くなっていく。

> 待ってたよ！
> ぽわぽわの綿毛姿！
> なんだか笑ってしまう。

お花が咲いてから、1カ月半ほどかけて綿毛になった。

2024/12/31

花を愛でる

並んで咲く姿が見られた。
下の葉っぱから枯れていく。
2024/11/13

45

糸ラッキョウ

🌸 **愛らしい形の小さなお花がまとまって咲きます**

ユリ科の多年草。細い葉と愛らしい花が優しい印象を与えます。球根が見えるように植えると、球根の膨らみ、細い葉、赤紫色の花が織りなす美しいフォルムを楽しめると思います。植え替え作業をしているとらっきょうのような匂いが漂ってきます。

2024/6/30

球根をまじまじと眺める。鉢合わせが上手くいったんじゃない!?

2024/11/7

真っ直ぐに伸びた茎のさきに蕾がついているじゃない!

2024/11/27

蕾がぷっくりと膨らんで、綺麗な紫色になってきた。

2024/12/18

少し大きめの鉢の糸ラッキョウも満開! とても華やか!

2024/12/2

満開の姿を上からもじっくり眺めて、喜びを噛み締める。

プチフルブルーム！鉢の形と色とのバランスもいい感じ！ 自画自賛！

薄い赤紫色のお花から、長いしべが飛び出している。

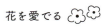

お花は長く咲くけれど、ある程度楽しんだら花殻を切ろう。2024/12/2

小さなお手手みたいな形の葉っぱ。
まばらに毛がついているのもかわいい。

大文字草

🌸 名前どおり、「大」の字に咲きます

ユキノシタ科の多年草で、山地の湿った岩場に自生しています。多くの品種がありますが、我が家の大文字草はいただいたもので品種名はわかりません。11月から12月ごろ、赤い花茎を伸ばしたさきに花を咲かせる姿はとても可憐です。半日陰の場所に置き、水切れしないように気をつけています。

葉っぱの隙間から蕾がひょっこりと顔を出している。

大、大感動！
小さいのに
大きく見える！

蕾がひょっこりと顔を出す。
蕾を見つけたときがたまらなく嬉しい！

花茎が赤いのもチャームポイント。

12月初めごろから色づき始め、暖色系の素敵な色合いになった。

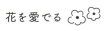花を愛でる

咲き始めは濃いピンクで、少しずつ色が薄くなっていく。2024/11/20

2章 葉を愛でる

赤ちゃんの手のような切れ込み、
ふっくら膨らんだ形、柔らかそうな産毛。
鮮やかな黄みどりや深みどり、だいだい色。
「葉」といっても形も色も千差万別。
普段みすごしがちな小さな個性が、
きらきらと輝いています。

小さく丸まっていた芽が立ち上がってきた。水族館で見たチンアナゴを思い出す。 2024/4/3

先端がお花のようにふんわりと開いてきた。 2024/4/9

蕾を見つけたのは9月。鮮やかなピンクの星のようなお花が咲いた！

日高ミセバヤ

🌱 お花のような葉っぱ、ピンクのお花、紅葉と見どころたっぷり

ベンケイソウ科の多肉性宿根草。日当たりのいいところで乾き気味に育てます。秋には鮮やかなピンクの小花が先端にまとまって咲きます。花が咲き終わると、葉が赤く色づいた姿がとても美しくなります。冬は株元にできた小さな芽で越冬します。初夏に挿し芽をすれば簡単に増やすことができます。

> 冬のあいだ固く丸まっていた小さな芽が、お花のように葉っぱを広げている。感動。

2024/12/22

葉っぱが色づき、そろそろ落ちてしまいそう。でも、その足元には小さな冬芽がかわいらしく並んでいる。

花殻を切っている途中でかわいい姿になったのでパチリ。

株元に並んだ小さな芽。落葉したあとは、このかわいい冬芽の姿で越冬する。

2024/12/5

葉を愛でる

葉っぱを広げながら背丈を伸ばしていく。2024/6/10

冬の間、葉っぱをぎゅっと
重ねた姿で越冬する。　　　2021/12/5

コケオトギリ

🌿 赤からみどりへと移り変わる
　　グラデーションが魅力的

オトギリソウ科の多年草。冬、葉を赤く染めた短い丈で越冬します。春になって、元の葉が赤く染まった茎を伸ばしていきますが、その過程で生まれる色のグラデーションはとても美しいです。夏には花茎のさきに小さな黄色の花が咲きます。我が家のコケオトギリは、それ単品で購入したものではありません。別の植物を目的に購入したりいただいたりした鉢に居候していたものがこぼれ種で自然に増えたものです。

淡い色合いがかわいい。
小さなブーケみたい。

スッと伸びた葉は
色も形も表情たっぷり。

プレゼントの箱に
結ばれた赤いリボ
ンのよう。
　　　　　2022/1/25

ひと月でさらに
グーンと伸びた！
びっくり！
　　　　　2022/5/11

先端に黄色の
小さなお花がち
ょんと咲いた。
　　　　　2022/5/21

54

葉を愛でる

暖かくなるにつれ、ぐんぐんと伸びていく。2022/4/12

ランナーが飛び出してきた。アンテナを立てて、なにやら受信中？　2023/6/15

ウメバチバンダイソウ

🌿 寒くなるにつれ、外側の葉を赤く染めながら丸まる

学名はロスラリア・セドイデスで、ウメバチバンダイソウの名でも流通しているベンケイソウ科の多年生の多肉植物です。ランナー※を伸ばして増えます。肉厚で小さな葉が花のように広がり、葉さきがほんのり赤く染まった愛らしい姿を見せます。秋には梅鉢形の白い花が咲き、より一層華やかになります。冬はぎゅっと丸まって越冬します。

※ランナーとは親株から伸びた茎のさきに子株がついていること。

梅鉢形の白いお花が咲く。葉っぱもお花みたいで、とても華やか。　2024/11/6

葉先がほんのりと赤くなって、かわいい色合いだなあ。

寒い冬に備えて丸まっていく姿に、エールを送らずにはいられない。

2024/12/16

ぎゅっと丸まって冬支度。このあと、さらに固く丸まる。

葉を愛でる

寒さに備えて、少しずつ丸まり始めた。2024/11/22

新芽が開いてきた。上から見ると、着物の柄みたいで綺麗。

2022/3/29

新芽が伸び始めた。びろーんと伸びているのは前年の枝。

小さな芽で越冬し、暖かくなるにつれ芽が開いてきた。

2024/3/9

姫朝霧草

 シルバーグリーンの
柔らかい葉っぱが涼しげ

キク科の多年草で、高山の岩場に自生しています。過湿を避けて、乾燥気味に管理します。白銀色の柔らかくて細い葉が揺れる様子は、涼しげでとても美しいです。秋に足元に翌年の芽が顔を出し、小さな芽の姿で越冬します。購入して3年、花は見たことがありません。

2024/12/3

新旧の葉っぱのコントラストが綺麗。

シルバーグリーンの細い葉がなびいて涼しげ。暑さも忘れる。

葉を愛でる

ふわふわとした質感に、思わず触りたくなる。2024/6/27

この鉢に豆ヅタを入れて、数カ月経ったころ。新しい葉っぱが出てきている。

2023/6/27

かわいい豆ヅタと淡く色づいたコケオトギリと青の模様の鉢。いい雰囲気！

胞子葉がいいアクセント。

2024/11/2

豆ヅタ

丸っこい肉厚の葉っぱがかわいい

常緑多年生のシダ植物で、樹木や岩などに着生して自生しています。直射日光は避けるようにします。水分は、名前のとおり豆のような丸い栄養葉から吸収するため、霧吹きなどで全体に水を与えます。丸い栄養葉のあいだから、へら形の細長い胞子葉が伸びてきます。

丸っこい葉っぱがモリモリと重なって愛らしい。

2024/12/10

胞子葉の裏側には、胞子が収められた胞子嚢群がついている。

60

葉を愛でる

新しい葉っぱがモゾモゾ
と動き出している。コケオ
トギリが飛び込んでいる。
2024/8/15

61

生まれたての小さな小さな葉っぱにも葉脈に沿って白いラインが入っている。

2022/6/12

大きめの葉っぱを取ると、小さな葉っぱが増えていく。

2024/5/28

寒さで紅葉している。

2024/11/26

姫ユキノシタ

小さな葉っぱたちが織りなす美しい世界に感動

常緑の多年草で、湿気の多い半日陰の場所に自生しているユキノシタ。姫ユキノシタはその小型種です。葉の小ささと葉脈に沿って走る白い線がとても美しいです。5月〜6月ごろに花が咲きますが、鉢が小さすぎると難しいようです。根が浅いため、分けやすいです。

葉っぱの大小、
緑色の濃淡、
這う葉脈、
なんて綺麗なんだろう。

2023/10/9

うわあ、綺麗。
精巧な工芸品のようで、
時間を忘れて
見入ってしまう。

ユキノシタらしく溶岩石につけてみた。葉っぱの色と模様が引き立っていい感じ。

葉を愛でる

産毛もかわいい。葉っぱをめくるとその下に小さな葉っぱがスタンバイしている。2024/7/20

ハマエノコログサ

🌿 ボルドー色に染まる小さな穂が綺麗

イネ科の一年草で、海岸の砂浜や海に近い路傍などに自生しています。道端や畑でよく見かけるエノコログサ（猫じゃらし）に比べると、背丈が低くて、穂も短く、なんとも言えない愛らしさがあります。穂が濃い赤紫や金色に染まっていき、そのあと段々と色が抜けていく様子も美しいです。一年草なので、穂を触って種がポロッと落ちるようになったら採取。また次の年も楽しめます。

穂は外側から赤く染まっていき、葉っぱも赤くなり始めた。
2024/10/17

待ち焦がれていた穂のお出ましに大喜び！光に反射した刺毛（しもう）がキラキラしている。

約1カ月かけて穂がみどり色から赤紫色に染まっていく。
2024/11/10

穂は綺麗なボルドー色に染まった。シックな色合いに心がときめく。

2024/12/9

穂は濃い色に染まり切ったあと、今度は少しずつ色が抜けていく。

2025/1/5

ベージュのワンコーデ風の色合いがオシャレ。

葉を愛でる

2月に種を蒔いた。葉っぱの元から穂のさきが少しずつ現れる様子はとてもかわいい。
2024/10/12

春が近づき、固く丸まっていた葉っぱが少しずつ開いてきた。
2024/2/27

直径2cmの小さな鉢でモリモリ。
2024/6/4

ツメレンゲ

🌿 獣の爪のようにツンツンした葉っぱが真っ赤に紅葉する

岩の上や屋根瓦の隙間などに生えている多肉質の多年草。水やりは夏と冬は乾き気味にし、春と秋は完全に乾いたらたっぷりあげます。我が家では、夏から秋にかけて葉さきから少しずつ赤くなっていきます。冬は葉が枯れますが、中心に固く丸まった冬芽を作り越冬します。春、暖かくなってくると冬芽が開いてきます。

紅葉したツメレンゲブラザーズ（と呼んでいます）、かっこイイぜ！鉢からの溢れ方も似ている。

2024/7/25

モリモリでなんだか美味しそう。鉢も大小のお揃いにしたくなるな。

我が家では、春は葉っぱがみどりだが、夏から葉さきからほんのりと赤くなってくる。

2024/12/8

葉っぱは萎れていくが、中心には固く丸まった小さな冬芽ができている。

葉を愛でる

10月には葉っぱがほぼ赤くなる。紅葉に合うだろうと青磁の鉢を合わせた。2024/10/1

ツタ

🌿 蔓を自由に長く伸ばしていく姿と紅葉が魅力

ブドウ科のつる性植物で、冬には落葉します。暖かくなるにつれ、蔓を伸ばし、新しい葉をどんどん芽吹かせます。吸盤のついた巻きひげもかわいいです。秋には葉が鮮やかな赤色に染まり、その美しさが際立ちます。細い枝は冬に落ちることが多く、翌年にはまた新たな姿を見せてくれます。

> 落ちずに残った葉っぱが綺麗に紅葉してくれた！

葉っぱに触ると落ちてしまうので、そっと運んで撮影に臨む。

2022/11/1

3月始めごろから新芽が少しずつ膨らんできて、まもなく開きそう！

2023/3/26

いつ開くかと心待ちにしていた葉っぱがお目見え！若々しいみどりが綺麗。

2024/4/12

> 蔓の先端の丸まった小さな葉っぱ、いつ開くかな。

2024/10/20

紅葉する前に次々に葉っぱが落ちてしまったけれど、少しの紅葉もまた味わい深い。

葉を愛でる

伸びた蔓に並ぶ葉っぱが
かわいい。前年よりゴー
ジャスな雰囲気になった。
2024/7/2

黒軸カリヤス

夏の涼しげな葉姿と秋からの紅葉が魅力

イネ科の多年草。明るい日陰を好みます。春から夏は細長い葉がさらさら揺れる涼やかな姿、秋から冬は葉が赤や黄色に色づいた姿が楽しめます。枯れた葉を取り除いておくと、茎が段々と赤褐色になっていきます。カリヤスと同様に染料植物として利用できるそうです。

茎の節には短くて白い毛が生えている。

2023/7/29

赤や黄色に色づいた黒軸カリヤスの横で、水玉こけしたちはおしゃべり中。

葉っぱが色づき始めて、ほんのりと秋の風情が感じられる。

赤褐色の茎に、黄色や赤へと染まった葉が映え、とても綺麗。

2024/12/15

前年の冬の様子。シュシュッと伸びた姿が浅い鉢に合う。

2024/1/7

葉を愛でる

10月ごろから葉っぱが色づき始める。
2023/10/23

イタドリ

素朴ながら、力強さを感じる

タデ科の多年草で、日当たりのいい野原や路傍などに自生しています。自生地では背丈が1m以上にもなりますが、小さな鉢に入れるとまた違った風情があります。我が家のイタドリは斑入りの品種です。「イタドリ」の名前は、痛みを取る薬効があることから、痛みを取る → イタドリとなったといわれています。

> イタドリと狸の絵鉢、お気に入りの鉢合わせ。

2024/4/22

新芽が伸びてきた。節がはっきりした赤い茎も綺麗。

2024/5/28

新芽が色鮮やかで綺麗だったので、思わずパチリ。

> 綺麗な黄色に染まった。こんなに綺麗に紅葉するとは知らなかったな。

鉢のふちから覗いているのは、思いつきで加えてみた姫月見草。

2024/11/25

葉を愛でる

葉っぱが随分と増えてきた。2024/5/30

ちょうちょがひらひらと飛んでいるようなかわいい芽出し。
2021/4/4

この丸い葉っぱが紅葉したらどんなにかわいいことになるのだろうと想像する。
2021/9/15

黄色く色づき始めた一枚の葉っぱ。いよいよ紅葉が始まった！
2021/10/27

ハマボウ

カラフルに紅葉する丸い葉っぱがかわいい

アオイ科の落葉低木。日当たりのいい場所が好きです。特徴的なのは、丸みを帯びたかわいらしい葉です。その丸い葉が、秋には、赤、オレンジ、黄色とカラフルに紅葉します。ポップでかわいらしい小さな秋を間近で楽しむことができます。小さな鉢では花は咲かないようです。

な、なんて愛らしいポップな色合いなのー！信じられない！

紅葉した葉っぱは1週間もしないうちに、一枚また一枚と落ちていく。

2021/10/30

思いつく限りの秋色を集めてみましたって感じ！

葉を愛でる

この紅葉が楽しめる期間は短い。心して観賞。
2021/10/29

3章
寄せて愛でる

隣り合う植物たちが構成する世界はまるで箱庭のよう。
背を伸ばすものあり、横に広がるものあり、
花を咲かせるものあり。小さな出会いが相乗効果で
新しい表情を生み出す様子は
なんとも楽しげではありませんか。

姫ナズナ
冬から春にかけて、5mmほどのとても小さな白い花が咲きます。

小さいけれど、賑やかでかわいらしいひと鉢になった♬

カタバミ
道端や庭、畑など身近なところで見かける草です。夜になると葉を閉じます。

スズメノヤリ
イグサ科の多年草または一年草。名前は細長い穂が小さな槍のように見えることに由来しています。

スズメノヤリ × カタバミ × 姫ナズナ

早春、ベランダ棚場の鉢やトレイに、スズメノヤリや姫ナズナなどがこぼれ種で顔を出していました。それらをお気に入りの鉢に寄せ植えしてみると、何気ない草でもかわいらしい雰囲気になりました。

姫ナズナが咲いた！ 小さくてかわいすぎるよ！

スズメノヤリの紅葉。ベランダ中を駆け回っていそうな姿！

寄せて愛でる

スズメノカタビラ
イネ科の一年草で、道端など身近なところで見かけます。名前はスズメが着るような小さな帷子（裏地のない一重の着物）の形に似ていることに由来します。

リンドウ
リンドウ科の多年草で、9月〜11月ごろに青紫色の花が咲きます。

タチツボスミレ
スミレ科の多年草で、道端や庭など身近なところで見かけます。淡い紫色の可憐な花を咲かせます。

朝霧草
キク科の多年草で、銀白色の柔らかくて細い葉が特徴です。

向かって右端にも注目！ タチツボスミレの子どものように、飛び込んだトキワハゼが咲いています。

タチツボスミレ × 朝霧草 × スズメノカタビラ × リンドウ

数年前、祖母の庭に咲いていたタチツボスミレを数株もらい、さわやかな色味が合いそうな朝霧草をメインに、スズメノカタビラを少し加えて寄せ植えにしました。その後、リンドウの種を蒔きました。

タチツボスミレの蕾が上がってきた！ 朝霧草の新芽も伸びてきた。

タチツボスミレが咲いた！ なんて愛らしいのだろう！

79

コケオトギリ
赤からみどりへと移り変わるグラデーションが魅力的な多年草です。

黄金シダ
季節ごとの色の変化が楽しめる常緑性または半常緑性のシダ植物です。

姫ユキノシタ
葉の小ささと葉脈に沿って走る白い線がとても美しい常緑の多年草です。

小さなジャングルのようになった姿をじっくりと眺める。

コケオトギリ × 黄金シダ × 姫ユキノシタ

まだ芽出しのころの黄金シダの苗を購入し、分けた一部を姫ユキノシタとコケオトギリと合わせて寄せ植えにしました。その後、姫ユキノシタは秋から調子を崩していなくなってしまいました。

どんなふうに景色が変わっていくか楽しみだな。

黄金シダとコケオトギリが紅葉して素敵なんだけれど、落武者感に笑ってしまう。

寄せて愛でる

偶然に生まれた寄せ植えを存分に楽しもう!

コケオトギリ
赤からみどりへと移り変わるグラデーションが魅力的な多年草です。

イワダレヒトツバ
岩場や樹木の幹などに生育する常緑のシダ植物です。

豆ヅタ
丸っこい肉厚の葉っぱがかわいい常緑のシダ植物です。

イワダレヒトツバ × 豆ヅタ × コケオトギリ

イワダレヒトツバの鉢に、コケオトギリと名前のわからないシュシュッとした草とハート形の葉のスミレの一種が飛び込んで、かわいい偶然が起きていました。嬉しくなって、空いていたスペースに豆ヅタを加えました。

なんともかわいい飛び込みを見つけてベランダで大喜び!

コケオトギリが色づいていい色合いになった。

日高ミセバヤ
秋にピンク色の花が咲くベンケイソウ科の多肉植物です。

タイトゴメ
海岸沿いの崖や岩場に自生するベンケイソウ科の多肉植物です。

多肉と多肉でこんもりとした寄せ植えを楽しむ。

日高ミセバヤのお花が咲いた！ ピンク色の星のよう。

日高ミセバヤがとても綺麗な色に染まった。タイトゴメはまだ赤くなっていない。

日高ミセバヤ×タイトゴメ

水やりのタイミングが揃う多肉植物同士を組み合わせました。どちらも秋に紅葉するため、赤く色づいた葉が引き立つよう、青い模様の鉢を選びました。

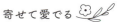寄せて愛でる

コケオトギリ
赤からみどりへと移り変わるグラデーションが魅力的な多年草です。

カンスゲ
カヤツリグサ科の常緑の多年草です。冬でも葉が枯れないことから「寒菅」と名付けられました。

コケオトギリの花がちょこんと咲いてかわいい！

枯れゆく葉、色づく葉、足元に芽吹く新芽、膨らむ蕾、移りゆく表情を楽しむ。

小さな鉢の中で季節が進んでいる。

コケオトギリ
×カンスゲ

細長い葉がかっこいいカンスゲとコケオトギリで、シュッとした雰囲気の寄せ植えにしました。一緒に植えることで、それぞれの表情がより豊かになったように思います。

83

ツメレンゲ
獣の爪のようにツンツンした葉が特徴の多肉植物です。

背中にトゲが生えた小さな恐竜のよう！

タイトゴメ
海岸沿いの崖や岩場に自生するベンケイソウ科の多肉植物です。

ツメレンゲ × タイトゴメ

水やりのタイミングが揃う多肉植物同士を寄せ植えしました。どちらも紅葉するので、綺麗でかっこいい雰囲気を目指し、溶岩石の鉢に植えました。

見ていない間に、モゾモゾと動き回っていそう。

ツメレンゲの葉がぎゅっと縮こまって冬芽が覗く。タイトゴメも裏側に。

寄せて愛でる

姫セキショウ
ショウブ科の多年草。セキショウの矮性品種です。葉をこするとさわやかな香りがします。

黄金シダ
季節ごとの色の変化が楽しめる常緑性または半常緑性のシダ植物です。

大雪ヒナオトギリ
大雪山系の一部に生えている、とても小型のオトギリソウです。

姫セキショウの鮮やかなみどりに、黄金シダと大雪ヒナオトギリの紅葉が映えて、いい雰囲気。

姫セキショウ × 黄金シダ × 大雪ヒナオトギリ

姫セキショウと黄金シダが丸みを帯びた鉢からはみ出すとかわいいだろうと寄せ植えにしました。大好きな大雪ヒナオトギリも加えました。黄金シダと大雪ヒナオトギリは紅葉するため、鉢の色は白にして、色のコントラストを楽しめるようにしました。

大雪ヒナオトギリのお花が咲いた！ わずか3mmほどの小さくて可憐な花。

青々とした姫セキショウの葉がさわやかで心地よい。

85

コケオトギリ
赤からみどりへと移り変わるグラデーションが魅力的な多年草です。

豆ヅタ
丸っこい肉厚の葉がかわいい常緑多年生のシダ植物です。

黄金シダ
季節ごとの色の変化が楽しめる常緑性または半常緑性のシダ植物です。

> 豆ヅタのみどりと黄金シダのオレンジが綺麗なコントラストだな。

豆ヅタ × 黄金シダ × コケオトギリ

元は豆ヅタ単体でしたが、豆ヅタの隙間に、黄金シダの新芽をところどころに入れて、寄せ植えにしました。コケオトギリは飛び込みで偶然に加わりましたが、いいアクセントになりました。

黄金シダの新芽が少しずつ伸びてきたところに、コケオトギリが飛び込んだ！

黄金シダとコケオトギリが、すっかり枯れ色に変わった。

寄せて愛でる

コケオトギリ
赤からみどりへと移り変わるグラデーションが魅力的な多年草です。

黄金シダ
季節ごとの色の変化が楽しめる常緑性または半常緑性のシダ植物です。

紅葉した葉に、ピンクの姫タデの花が彩りを添えている。いつまでも見ていたい！

大雪ヒナオトギリ
大雪山系の一部に生えている、とても小型のオトギリソウです。

姫タデ
たくさん花序が立ち上がり小さな花が咲くタデ科の一年草です。

姫タデ × 黄金シダ × コケオトギリ × 大雪ヒナオトギリ

這うように広がる姫タデと黄金シダを浅い鉢に植え、高さのあるコケオトギリをアクセントに加え、大好きな大雪ヒナオトギリも入れました。秋の紅葉が映えるよう、深みどり色の鉢を選びました。

大雪ヒナオトギリの小さい花が咲いている。

枯れゆく色合いも綺麗。コケオトギリの足元には新たな芽が顔を出している。

4章
いろいろ愛でる

この章ではかわいいみどりを暮らしで楽しむための
ayumittさんの「実践編」をご紹介します。
植え替え方法、管理の仕方のほか、
小さな植物を探したり、かわいい鉢を作ったり。
ぜひ新しいお楽しみを見つけてください。

多肉植物

多肉植物とは葉、茎または根に水分を蓄える機能を持った植物の総称です。砂漠や海岸のような乾燥地帯に生えているものが多いです。日当たり、風通しのいいところに置きます。水やりは、春と秋は土が完全に乾いてからたっぷり、夏と冬はさらに控えめにします。多肉植物と豆盆栽鉢の組み合わせはおもしろいので、もっと楽しんでみたいと思っています。

赤く色づいて、綺麗な色合いだな。

タイトゴメ

ベンケイソウ科マンネングサ属の多肉植物で、海岸沿いの崖や岩場に自生しています。葉のさきは尖（とが）っていて、地面を這うように広がっていきます。寒くなると、葉が赤やオレンジに色づきます。

いろいろ愛でる

マンネングサ

マンネングサは、ベンケイソウ科マンネングサ属の植物の総称です。乾燥に強い多肉植物で、道端などでもよく見かけます。常緑で強い生命力を持つことから「万年草」と呼ばれるようになったそうです。

虹の玉

ベンケイソウ科セダム属の多肉植物です。ツヤツヤでぷっくりとした楕円形の葉が特徴的です。寒くなると、葉が赤やオレンジに紅葉して、なんだか美味しそうな印象になります。

トルツオサム

小さめのロゼット状の葉がかわいい多肉植物です。葉には粘着性があり、触るとペタペタします。ホコリがつきやすいのもご愛嬌です。独特の匂いは好き嫌いが分かれるかもしれません。

91

飛び込み

どこからか種が飛び込んできて、本来そこには植えたはずのない植物が芽を出すことがあります。それを「飛び込み」といいます。我が家のベランダ棚場における飛び込みの代表選手はコケオトギリ、トキワハゼ、カタバミ、名前のわからないシュシュッとした草です。偶然の産物を大いに楽しんでいます。

豆ヅタの鉢にコケオトギリが飛び込んだ。

コケオトギリと大雪ヒナオトギリの鉢にカタバミが飛び込んだ。

カタバミの小さな葉っぱがひょっこりと顔を出して愛らしい。

ヤマモミジの鉢にトキワハゼが飛び込んだ。

ヤマモミジの足元にかわいらしいお客様。思わず素敵な景色が広がった。

いろいろ愛でる

訪問者

夏になると、ミツバチがやってきます。鉢の中に頭を突っ込み、水を吸っているようです。その一生懸命な後ろ姿を眺めていると、「我が家の水が役に立ったようでよかったよ。またおいでよ」と思わず心の中で語りかけてしまいます。

コケの中に頭を突っ込んで、一生懸命にお水を吸っている。

ミツバチのお尻、ダブル。

飾って楽しむ

花が咲いたり紅葉したりすると、じっくりと眺めたくなります。そんなときは、部屋の中に鉢を入れて楽しみます。鉢を綺麗に拭いて、敷物の上に置いたり、小物を添えたりすると、ベランダで見るのとは、また違った雰囲気が楽しめます。室内で楽しむのは1～2日ほどにします。

ベランダ棚場にあるときとは一瞬にして印象が変わる。

地板を敷いて飾る

室内で楽しむときには、敷物を使っています。コースター、お気に入りの布、ガラスの板、何でもいいと思います。私は盆栽関連のお店で購入した地板※をよく使います。　※盆栽などの下に敷く板のことです。

いろいろ愛でる

小物を添える

お気に入りの小物を添えると、また違った世界が広がります。植物とのサイズのバランスと質感が合うかを大事にしています。お気に入りの作家さんのフェーブ[※1]を購入したり、盆栽関連のお店で添配[※2]を購入したり、オーブン用の陶土で作ってみたりして楽しんでいます。

※1 フランスで新年に食べるガレット・デ・ロワに入っている陶製の小さな人形のことです。
※2 盆栽などに添えて飾る小さな置物のことです。

オーブン用の陶土で
小さな鳥を作りました。
次は、もっと小さな鳥を作って
たくさん並べてみたいと
思っています。

お気に入りの作家さん
のフェーブが不思議と
合うと思っていて、
たくさん集めています。

フェーブ（写真中、下）
KIMURA & Co.
https://kimuraandco.com/

 かわいいみどりを 植え替えてみませんか

「小さなかわいいみどりを育ててみたい」と思ったら、それが出会いのときです。
私が普段どのように植えているかをご紹介します。

- 植え替える かわいいみどり -

屋久島ヘビイチゴ | 一般的なヘビイチゴより小型のヘビイチゴ。這うように葉が広がり、5月ごろに黄色い花が咲きます。秋には葉が赤く紅葉して綺麗です。水が好きな植物です。

いろいろ愛でる

植え替えに使う道具

いつも私が使っている植え替えの道具をご紹介します。植え替えの前にはこのようなトレイに道具を準備するとテーブルを汚さずに作業ができて安心です。

家にあるもので代用しても大丈夫！

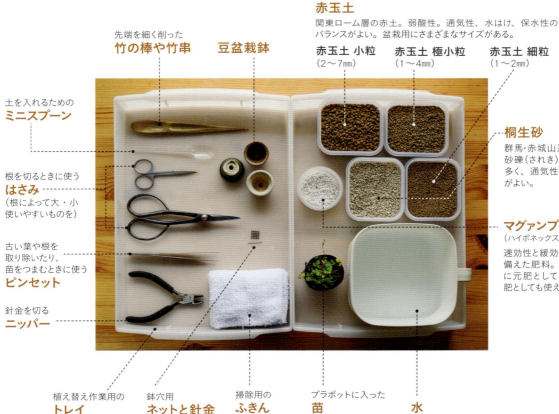

先端を細く削った
竹の棒や竹串

豆盆栽鉢

赤玉土
関東ローム層の赤土。弱酸性。通気性、水はけ、保水性のバランスがよい。盆栽用にさまざまなサイズがある。

赤玉土 小粒（2〜7mm）

赤玉土 極小粒（1〜4mm）

赤玉土 細粒（1〜2mm）

土を入れるための
ミニスプーン

桐生砂
群馬・赤城山系の火山砂礫（されき）。鉄分が多く、通気性と排水性がよい。

根を切るときに使う
はさみ
（根によって大・小使いやすいものを）

マグァンプ K
（ハイポネックスジャパン）
速効性と緩効性を兼ね備えた肥料。下のように元肥としても、置き肥としても使える。

古い葉や根を取り除いたり、苗をつまむときに使う
ピンセット

針金を切る
ニッパー

植え替え作業用の
トレイ

鉢穴用
ネットと針金

掃除用の
ふきん

プラポットに入った
苗

水

97

植え替えの手順

植物により、また生育状況により、根の張り方はさまざまです。
ここでは屋久島ヘビイチゴを使って、いつもの方法を説明します。

1

土の流出を防ぐネットを鉢底につけます。穴より大きく切ったネットに針金を写真のように通します。

2

ネットを針金ごと鉢底に入れ、針金のさきを穴から出します。

3

ネットを指で押さえながら鉢底を返し、ペンチなどで針金を写真のように曲げ、ネットを底に固定します。

4

鉢に赤玉土小粒を敷き詰め、マグァンプKを2～3粒入れます。ほかの器に赤玉土極小粒と桐生砂を9：1で混ぜておきます。

いろいろ愛でる

5

根洗い用の水をくんでおきます。植え替える苗を手のひらにとり、先端を削った竹や竹串で、根を傷つけないように土を落とします。

6

土をほぼ落とし終えたところ。ここまで土を落とすと、次の根洗いがやりやすくなります。

> 茎の根元を優しく持ってゆっくり振り洗いして。

7

小分けにし、茎の根元をそっと持ち、くんでおいた根洗い用の水につけ、根に残る土を洗います。

8

すべての土を洗ったら、鉢に入れる苗を合わせ、茎をそっと持ってまとめます。

大きめのはさみで、まとめた根を写真くらいの長さにカットします。

鉢に苗を入れ、混ぜておいた赤玉土極小粒と桐生砂をミニスプーンでぐるりと入れます。

> 植え替えたばかりの土は、水を上からかけると流出してしまうので、下から給水させます。

竹の棒（または竹串）で土の上を刺しながら、土が隙間なく入るように全体をすきます。最後に赤玉土細粒を入れて土がいきわたるようにします。

器に水を張り、鉢の縁を持って、土の表面ぎりぎりのところまでそっと水につけて給水させます。

いろいろ愛でる

\ 完成 /

土が馴染んで落ち着くまで、12と同様に下から給水させます。植え替え直後は土が乾きやすいので、乾き具合に注意を払います。細かく切って水に浸した水ゴケを土の上に置いておくと、保水の効果があります。

余った苗も大切に

鉢に入り切らなかった苗や、写真のようにランナー（親株から茎が這うように伸びた茎）についた子株は、ほかの鉢に植えて別に管理し、また別の鉢に植え替えてだいじに楽しんでいます。

種まき

種から育てる場合は、プラポットや駄温鉢※に赤玉土小粒を入れ、種を蒔き、さらに赤玉土極小粒を種が隠れるくらいかけます。最後に上から水をかけておきます。

※駄温鉢は高温で焼き締めた陶器の鉢。縁に釉薬が塗ってあります。

寄せ植えするときは

1種類だけを植え替えるのと同じで、苗をまとめて鉢に入れたり、一つずつ入れて土を加えたり、メインのものを入れた後に他の苗をピンセットで配置したりと、状況に応じて臨機応変に行っています。

ベランダでの管理

普通のマンションの、ごく普通のベランダで植物を管理しています。我が家のベランダに植物が増え始めたのは2020年のこと。それ以来、多くの植物と出会い、そして、残念ながら枯らしてしまったものも少なくありません。枯れてしまうたびに落ち込みますが、それでも毎日水をやり、植物たちを眺めていると、小さな新芽やかわいらしい蕾を見つけることがあります。そんな瞬間にふと元気をもらい、また植物と向き合う日々です。
狭いベランダながらも、そこでは日々小さな変化が生まれています。その変化を見つけ、愛でるときはとても楽しく、かけがえのないものです。
このページでは、そんな我が家のベランダで、私がどのように植物の管理をしているかをご紹介します。環境や生活スタイルは人それぞれ異なるため、これが唯一の正解とは思いませんが、何か参考になることがあれば嬉しいです。

我が家のベランダ

我が家のベランダは埼玉県にある南南東向きの2階。周囲に高い建物が少ないため、朝から夕方まで比較的長い時間、陽が当たります。さらに、風通しのいい格子状の手すりや、吊り下げ式のエアコン室外機も、植物にとって快適な環境づくりに一役買っているのではないかと思います。
そんなベランダのコンクリートの床には、高さ約6cmの足がついた園芸用の棚板を置き、その上に植物を並べています。コンクリートの照り返しによる熱の影響を抑えられるだけでなく、直接床に置くよりも管理がしやすくなります。照り返しの熱の軽減、世話のしやすさを考えると、もう少し背の高い棚がよいですが、洗濯物を干す際に邪魔になってしまうため、そのバランスが悩ましいところです。
また、落ちた枯葉やこぼれた土が排水溝に流れ込まないよう、掃除のしやすさも大切にしています。

いろいろ愛でる

水やり

鉢が小さいため、何よりも水やりが重要です。水やりの基本は、土が乾いたら鉢の底から水がしっかり流れ出るまでたっぷりと与えることです。私は、1日くみ置いた水を使用しています。
水やりには、細長い注ぎ口の水差し（ポリボトル）を使い、ひと鉢ずつ丁寧に与えています。この方法なら、水の量を調整しやすく、水の浸透具合や植物の様子も確認できるので、一石二鳥です。
水やりの頻度は、朝にすべての鉢へ行い、午後に再度確認して土が乾いているものには追加で水を与えます。私の体感では、夏よりも春先の方が水切れに注意が必要です。特に風の強い日が多く、植え替え直後の鉢も多いため、より注意して見ています。

水やりで頼れる二重鉢

小さな鉢は乾きやすいため、大きめの鉢やトレイに砂を敷き、その上に小さな鉢を少し埋めるように並べています。水やりの際には、鉢だけでなく砂にも水をかけ、乾燥を防いでいます。鉢の底から根が伸びてきた場合は、その都度切ります。

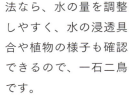

ひと鉢ずつ
あげるのに重宝。

夏の管理

夏は直射日光を避けるため、寒冷紗を利用しています。寒冷紗を物干し竿と手すりに掛け渡して、屋根のようにしています。遮光率22%のものを二重にしているので、約40%の遮光率となります。

冬の管理

我が家のベランダでは、鉢の土が凍ることはありませんが、冬場はビニールハウスと発泡スチロールボックスを使って管理しています。
ビニールハウスはファスナー付きで、上部と前面を開閉できるタイプです。夜は閉め、朝になったら開けるようにしています。一方、発泡スチロールボックスに入れた鉢も、朝に取り出し、夜にはしまうようにしています。

日々のお世話

水やり以外の日々のお世話は、枯れた葉を取る、多すぎる雑草を取る、コケも増え過ぎたら取って新しい表土を足す、花殻を取る、根っこが鉢いっぱいになっていそうなら植え替える、そんなことをやっています。あとは、ひたすら観察です。

追肥

春、芽が動き出すとき、秋、花が終わったとき、など様子を見て追肥をしています。肥料のバイオゴールドオリジナル（バイオゴールド）を砕いて使っています。

左がバイオゴールドの粒。右が砕いたものです。

ミニバラ姫乙女の挿し木3年目に追肥。

調子を崩したら

調子が悪そうかなと思ったら、鉢から出して、入っていた鉢よりも大きい駄温鉢に新しい土を入れて、そっと移して様子を見ます。根腐れしていたら、腐った根っこをできるだけ取って、根っこをそっと洗ってから駄温鉢に移しています。その後、半日陰に置いて様子を見ます。新しい土は乾きやすいので、水切れにも注意します。

いろいろ愛でる

なにかと便利な取っ手つきトレイ

ホームセンターで板や取っ手を購入し、トレイを作りました。底面の四隅には水はけ用の穴を開け、仕上げにニスを塗っています。軽くて持ち運びやすく、とても便利です。

オオバコ（道端や空き地、畑など身近なところで見かける多年草。踏んでも枯れないほどに丈夫なのが特徴です）

台風や強風のときも、すばやく部屋の中へ取り込めます。

ポット苗を購入したら

一部を豆盆栽鉢に入れて、残りはプラポットに入れています。プラポットは直径3.5cm×高さ3.5cm、容量24mlのものをよく使っています。

一年草の種取り

一年草は種を取って翌年も楽しんでいます。**姫タデ　ハマエノコログサ　千成ホオズキ** など。取った種は、小さなファスナー付きポリ袋に入れて、冷蔵庫の野菜室で保管し、翌年の春先、プラポットに蒔いています。
一年草とは、発芽 → 成長 → 開花・結実 → 枯死 を1年以内に終える植物のことです。

105

かわいい植物を探しに

2月のある朝、ayumittさんと一緒に東京都内の盆栽店に、小さな植物を求めて出かけてみました。
かわいらしい木や草に思わず目が吸い寄せられます。

取材・撮影（P106～108）／編集部

上野グリーンクラブ
上野・不忍池近くにある東京随一の盆栽店。日本盆栽協同組合の本部で、盆栽展、山野草展、ラン展など様々な展示会を開催。常設展での販売も。
東京都台東区上野公園 3-42
https://bonsaikumiai.jp/greenclub/
TEL 03-5685-5656　9時～17時（不定休）

ayumittさんが必ずチェックするという常設展。豆盆栽鉢によさそうな小さな木や植物が並びます。

かわいらしい草がところ狭しと並んでいます。色や形もそれぞれ個性たっぷり。心が躍ります。

気になる植物が見つかったら、株の真ん中から小さい葉が出てきているか確認。元気な株を選びます。

道具の販売コーナーも必見。必要な道具をいちどに揃えることができるのもうれしいです。

訪れたのはある盆栽展の開催日。大小さまざまな盆栽がずらりと並んでいて、壮観でした。

敷地の一角には盆栽稲荷神社が。かわいい狛犬さんも出迎えてくれます。上手く育ってくれるようお願いを。

いろいろ愛でる

かわいらしい植物を見つけた ayumitt さん。花や実がついている元気な株を選ぶのがおすすめ。

手にとったのはカリンの木。「ここで切って挿し木にして」と枝ぶりを見ながら計画するのも楽しい。

この日は ayumitt さんと深くかかわりのある盆栽大野さんが出展中。「盆栽大野さんの株は、根がしっかりしていて元気なんです」と。きれいに整えられた盆栽に目移りします。

みどりが鮮やか！
伸びた胞子が
かわいい!!

盆栽大野

小品盆栽や豆盆栽、山野草から作家ものの鉢など、こだわりの品揃えで大人気の店。盆栽教室や出張ワークショップなども積極的に行っている。来店は予約制。
埼玉県さいたま市見沼区片柳 1373
☎ 090-2446-4403
https://bonsaiohno.my.canva.site/

迷ったらいつも盆栽大野の大野朝美さんに相談。豊富な知識と的確なアドバイスに助けられるそう。

種も売っています。赤軸ヤマモミジの種を、出芽した見本の苗の横に並べてパチリ。

種を育てたり、株分けの一時保管にも便利なプラの豆鉢はまとめて買って常備しているそう。

107

豆盆栽鉢の楽しみ

ayumittさんの植物たちに欠かせないのが小さなかわいい豆盆栽鉢。手ごろなものから数万円の作家ものまで眺めるだけでもワクワクします。

色も形もさまざまな鉢をずらりとディスプレイ。豆盆栽鉢を多数扱う盆栽大野さんの看板は海外のお客様にも知られているそう。

まるで小さな生き物たちが集まっているみたい！サイズも深さもひとつひとつ違います。

オーソドックスな焼き締めの豆盆栽鉢。かわいい植物を入れてずらりと並べるのもおしゃれ！

お気に入りを見つけたayumittさん。裏の落款で作家名を覚え、作品を追い求める楽しみも格別。

足元にも掘り出し物が隠れていることも。くまなくチェックして、お気に入りのひとつを探します。

鉢との出会いはまさに一期一会。これぞ、と思った鉢を購入。この日の収穫を見せていただきました。

小さな亀の置物は主役の植物を引き立てる添配。動物や鳥、旅人、古民家や円月橋のモチーフも。

いろいろ愛でる

オーブン用の陶土で鉢作りに初チャレンジ！

オーブン用の陶土で小さな鉢を手作りしてみました。陶器の鉢ほどの耐久性はないかもしれませんが、自分の好みに合わせて自由に形を作れるのがとても魅力的です。手作りならではの温かみがあり、愛着が湧きます。

使用する道具

❶オーブン陶土〈MILK〉 ❷オーブン陶土専用防水・耐油コート剤〈Yu〜マット〉(❶❷いずれもヤコ) ❸粘土板（クリアファイルでも） ❹水入れ ❺ポンス（鉢底に穴を開けるもの。ストローでも） ❻へら（表面を平らにする。紙やすりでも） ❼アクリル絵の具、パレット、筆（絵を描く、防水・耐油コート剤を塗る） ❽オーブンシート（防水・耐油コート剤を塗り終わった鉢を置く） ❾掃除用のふきん

1

オーブン用の陶土を少し練って柔らかくし、好きな形に成形（球体を作って、指で凹ませる）。指を水で濡らすとやりやすいです。

2

ポンス（またはストロー）で鉢底に穴を開け、1〜2週間しっかり自然乾燥させます。

3

表面に凹凸があれば、へら（または紙やすり）で平らにします。

4

160〜180℃のオーブンで30〜60分焼きます。私は170℃で30分焼きました。焼き上がったらオーブンの扉を開け、少し冷ましてから取り出します。焼くと10％ほど縮みます。

5

絵を描くならアクリル絵の具で。ほかのものに色がつかないようご注意を。描き終えた筆やパレットはすぐに洗います。絵の具を乾かします。

6

オーブンシートを敷いておきます。防水・耐油コート剤を鉢の外側にも内側にもしっかり塗って、オーブンシートに置いて乾かします。

7

100〜120℃のオーブンで15〜30分焼きます。私は100℃で20分焼きました。これで出来上がり！

初めてオーブン用の陶土で鉢を作りましたが、成形も絵付けも楽しくて夢中になりました。早速、娘が絵付けをしてくれた鉢に、大好きなウンナンカズラを植え付けました。かわいい!!

むすびに

　この本を手に取ってくださり、ありがとうございます。楽しんでいただけましたでしょうか？　写真のコメントを読んで、「毎日こんなテンションでベランダで撮影してるの……？」とドン引きされていませんように……！もし気になる植物があったら、ぜひ実際に会いに行ってみてください。そして、ひと目見てキュンとしてしまったなら……お迎えを。きっと、日々に小さな感動を運んでくれる存在になると思います。

　最後に、本書の出版にご協力いただいたすべての皆様に、心より御礼申し上げます。きらく会の皆様には、本書で使用した素敵な鉢や植物の苗を分けていただき、貴重なアドバイスも数多くいただきました。日本小品盆栽協会東京支部の皆様には、勉強会を通じて多くの学びの機会をいただき、たくさんの苗を分けていただきました。また、KIMURA & Co. 様のかわいらしいフェーブをたくさん使わせていただきました。小さな植物との出会いのきっかけをくださった藤井様ご夫妻には、温かい励ましと応援の言葉をいただきました。そして、盆栽大野の皆様には、苗や鉢を購入させていただいただけでなく、本書の執筆にあたり多くの相談にも乗っていただき、心強い支えとなりました。皆様のご支援に、改めて深く感謝いたします。最後の最後に、夫と娘とベランダの植物たちに、ありがとう。

2025 年 3 月　ayumitt　種田あゆみ

ayumitt　種田あゆみ

大阪生まれ、埼玉暮らし。パートタイマーの主婦として日々を
過ごす傍ら、2020年より小さな鉢で植物を育て始める。もとも
と写真が趣味だったこともあり、愛らしい小さな植物たちが見
せる一瞬の美しさに心奪われ、シャッターを切るように。イン
スタグラム(@ayumitt)では、「ちいさなかわいいみどり」の魅力
を発信中。今日も右手にカメラ、左手で鉢をつまみ、ベストフォ
トスポットを求めてベランダをウロウロしているに違いない。
https://www.instagram.com/ayumitt

取材協力／上野グリーンクラブ、盆栽大野
ブックデザイン／清水佳子
イラスト／中島圭一郎
編集／原田百合子

ベランダで豆盆栽鉢で楽しむ
ゆびのさきにかわいいみどり

2025年5月9日　第1刷発行
2025年6月17日　第2刷発行

著者　　ayumitt 種田あゆみ
発行人　堀内茂人
発行所　株式会社オレンジページ
　　　　〒108-8357
　　　　東京都港区三田1-4-28　三田国際ビル
　　　　電話 03-3456-6672(ご意見ダイヤル)
　　　　　　 048-812-8755(書店専用ダイヤル)

印刷　　三共グラフィック株式会社
Printed in Japan ©Ayumi Taneda 2025
ISBN 978-4-86593-751-0

●万一、落丁・乱丁がございましたら小社販売部(048-812-8755)あてに
　ご連絡ください。送料小社負担でお取り替えいたします。
●本書の全部または一部を無断で流用・転載・複写・複製することは、著
　作権法上の例外を除き、禁じられています。また、本書の誌面を写真撮影、
　スキャン、キャプチャーなどにより無断でネット上に公開したり、SNS
　やブログにアップすることは法律で禁止されています。
●定価はカバーに表示してあります。